Date: 6/23/20

SP J 352.23216 MUR
Murray, Julie
Alcalde

Alcalde

Julie Murray

Abdo
MI GOBIERNO
Kids

abdopublishing.com

Published by Abdo Kids, a division of ABDO, PO Box 398166, Minneapolis, Minnesota 55439.
Copyright © 2019 by Abdo Consulting Group, Inc. International copyrights reserved in all countries.
No part of this book may be reproduced in any form without written permission from the publisher.

Printed in the United States of America, North Mankato, Minnesota.

052018

092018

THIS BOOK CONTAINS
RECYCLED MATERIALS

Spanish Translators: Telma Frumholtz, Maria Puchol
Photo Credits: AP Images, Getty Images, iStock, Shutterstock
Production Contributors: Teddy Borth, Jennie Forsberg, Grace Hansen
Design Contributors: Christina Doffing, Candice Keimig, Dorothy Toth

Library of Congress Control Number: 2018931580
Publisher's Cataloging-in-Publication Data

Names: Murray, Julie, author.

Title: Alcalde / by Julie Murray.

Other title: Mayor. Spanish

Description: Minneapolis, Minnesota : Abdo Kids, 2019. | Series: Mi gobierno |
    Includes online resources and index.

Identifiers: ISBN 9781532180095 (lib.bdg.) | ISBN 9781532180958 (ebook)

Subjects: LCSH: Mayors--United States--Juvenile literature. | Government officials--Juvenile
    literature. | United States--Politics and government--Juvenile literature. | Municipal
    government--United States--Juvenile literature. | Spanish language materials--Juvenile
    literature.

Classification: DDC 352.232160973--dc23

Contenido

Alcalde

Un alcalde dirige un pueblo
o una ciudad.

El alcalde es responsable de

muchas cosas en las ciudades.

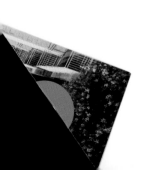

Organiza las escuelas.

Hugo lee.

Mejora las carreteras.

Cuida los parques. Lucy juega
con sus amigos.

Los alcaldes ayudan a crear **leyes**. Lola pasea a su perro con una correa. Cumple una ley.

Los alcaldes hablan con la gente. El alcalde escucha a Gus.

La mayoría de los alcaldes son **elegidos por votación**. La gente **vota** a quien quiere.

¿Quién es tu alcalde?

¿Cuál es el trabajo del alcalde?

crear leyes para la ciudad

dirigir la ciudad

hablar y escuchar
a los ciudadanos

supervisar el gobierno
de la ciudad

Glosario

ley
regla reconocida por un país
o comunidad.

elegido por votación
escogido para tener un puesto
de gobierno.

votar
elegir formalmente a una persona
para hacer un trabajo, se hace
normalmente con una papeleta.

Índice

Abdo Kids
ONLINE
FREE! ONLINE MULTIMEDIA RESOURCES

¡Visita nuestra página abdokids.com y usa este código para tener acceso a juegos, manualidades, videos y mucho más!

Código Abdo Kids:
MMK3988